OBSERVATION DES OISEAUX DANS LE JARDIN

LES OISEAUX DE NOS JARDINS

Souvent regardé, mais méconnus, les oiseaux de nos jardins sont pourtant très intéressants par leurs diversités, leurs comportements, leurs activités et leurs couleurs. Apprenez donc à connaître ces oiseaux, vous allez pouvoir ensuite les observer correctement. Les oiseaux de jardins se rencontrent par toutes les saisons, par tous les temps. Osez regarder par votre fenêtre, sortez dans les parcs. Vous allez vite apercevoir des oiseaux

Certains s'amusent même à les photographier et à collectionner leurs rencontres avec divers passereaux. D'autres chanceux peuvent apercevoir également des rapaces dans les plaines et les bosquets.

Amusez-vous, et observez la nature !

DANS CE LIVRE..

Dans ce livre, vous trouverez des informations sur les espèces d'oiseaux que vous pourrez croiser dans votre jardin, ou à l'occasion d'observation à la campagne.

Chaque fiche animale est constituée d'informations métriques sur la taille, le poids, l'envergure de l'animal. Mais également une description de l'animal en couleurs pour bien pouvoir l'identifier.

Une section "où l'observer" décrira comment observer l'espèce concernée : A savoir, dans quel milieu vit l'oiseau, dans quelle condition.

Des conseils pour attirer l'animal dans des mangeoires sont aussi distribués à la fin de chaque fiche, vous retrouverez la période de visibilité de l'oiseau, ainsi que la difficulté d'observation à nu, et la difficulté à la photographier.

Des interstices vous expliqueront diverses choses à savoir pour bien observer les oiseaux.

Le Moineau domestique

Taille : 16 cm
Poids : 30 g
Régime : granivore
Région : Monde
Couleur :

Gris clair / Brun clair

Le moineau domestique (Passer domesticus) est un passereau familier que l'on retrouve facilement l'été, en terrasse, à la recherche de déchets/graines à picorer. Le dimorphisme sexuel est prononcé : le mâle est gris sur le dessous et marron sur le dessus, tandis que la femelle est gris clair sur le dessous et brun clair et noir en alternance sur le dessus. Il vit pratiquement partout où l'homme est présent et il est absent des milieux forestiers fermés.

Ou l'observer ?

Cet oiseau se rencontre dans les jardins facilement. C'est même une espèce facile à apercevoir.

Comportement

Cet oiseau vit en groupe, il est souvent au sol, et peut manger avec d'autres espèces. Il niche dans les groupements d'arbres

Attirer l'oiseau

avec des graines, des insectes, pucerons, chenilles, ou du pain

 Rencontre plutôt l'été    Facile    Facile

Le Merle noir

Taille : 27 cm
Poids : 90 g
Régime : Mixte

Région : Monde
Couleur : noir
Famille : Turdidés
Envergure : 36 cm

Le Merle noir est le plus grand turdidé commun. Sa silhouette typique (longue queue et ailes courtes), sa grande taille et son plumage très sombre en font un oiseau remarquable, d'autant qu'il ne craint pas l'Homme. Le mâle adulte nuptial est entièrement d'un noir profond et mat. Son bec est jaune orangé et l'œil est entouré d'un cercle oculaire de la même couleur. L'iris est gris ou brun. Les pattes sont rougeâtres ou brunâtres.

Ou l'observer ?

Cet oiseau se rencontre dans les jardins sur le sol. Souvent lorsque l'oiseau chasse des lombrics.

Comportement

Cet oiseau est sociable en période inter-nuptiale. Mais il est territorial à la période de reproduction.

Attirer l'oiseau

Avec des vers de terre disposés dans un endroit calme.

 Rencontre en journée  Facile  Facile

L'étourneau sansonnet

Taille : 20 cm
Poids : 72 g
Régime : Omnivore
Région : Europe/USA
Couleur : Noir/Blanc

Famille : Sturnidés
Envergure : 37 cm

L'étourneau sansonnet (Sturnus vulgaris) est un oiseau très populaire dans nos régions, dans les campagnes et dans les villes. Outre son cri reconnaissable, il a la particularité de vivre et de se déplacer presque toujours en groupes, qui sont parfois composés de plusieurs centaines de milliers d'oiseaux.

Ou l'observer ?

Cet oiseau se rencontre dans les villes et les campagnes. Souvent en groupe, ou en couple.

Comportement

Cet oiseau passe beaucoup de temps au sol où il court à la recherche de proie.

Attirer l'oiseau

avec des perchoirs en nombre, ou avec une niche.

 Surtout l'hiver    Facile    Moyen

La Grive musicienne

Taille : 23 cm
Poids : 74 g
Régime : invertébrés
Région : Monde
Couleur : Brun clair

Famille : Turdidés
Envergure : 37 cm

La grive musicienne est d'une taille un peu inférieure à celle du Merle noir. Ils sont souvent aperçus ensemble, mais ils sont dissociables. La grive est un oiseau plus trapu et fin, avec une queue plus courte et un plumage plus clair. Les parties supérieures sont brun foncé unies. Au vol, on distingue les couvertures sous-alaires orangées.

Ou l'observer ?

Cet oiseau se rencontre à deux ou trois mètres du sol, dans les branches. Cette espèce est plus présente dans la forêt que dans les jardins.

Comportement

Discret, furtif et craintif, Elle chante. Les mâles se laissent rapprocher.

Attirer l'oiseau

Avec des animaux invertébrés, sur le sol ou dans une niche.

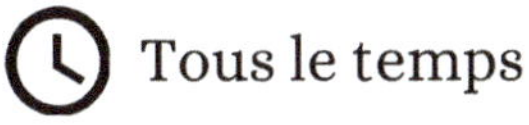 Tous le temps    Facile    Difficile

Le Rouge-gorge familier

Taille : 14 cm
Poids : 19g
Régime : Omnivore
Région : Europe/Asie
Couleur : gris-orange
Famille : Muscicapidés
Envergure : 37 cm

Le Rouge-gorge familier est un oiseau au comportement solitaire et territorial. Il use de son plastron "rouge" comme avertisseur et n'hésite pas à l'exhiber en toute occasion quand il s'agit pour lui de faire valoir ses droits. Les mâles chantent perchés en évidence sur une branche pour être bien vus de leurs congénères. C'est un oiseau assez peu farouche, et même parfois confiant.Le rouge-gorge se nourrit au sol. Il repère ses proies depuis un perchoir peu élevé, puis les capture.

Ou l'observer ?

Cet oiseau se rencontre dans les jardins, mais également dans les forêts, et surtout les ligneux.

Comportement

Cet oiseau est solitaire et territorial. Il est relativement confiant et se laisse approcher.

Attirer l'oiseau

avec des graines pour tous types d'oiseaux, ou du pain.

 Plutôt le printemps  très Facile   Facile

la Mésange bleue

Taille : 12 cm
Poids : 10 g
Régime : Insectivore
Région : Europe/Asie
Couleur : bleu/jaune
Famille : Paridés
Envergure : 14 cm

La mésange bleue est une mésange connue. Elle est bleue et possède un poitrail jaune. La tête est blanche avec deux lignes noires sur les yeux. La mésange bleue mange tous type d'insectes et invertébrés (chenille, pucerons,....). Elle devient granivore l'hiver. La mésange bleue se reproduit d'avril à juillet. Elle construit son nid dans des arbres, pourvu que son entrée soit suffisamment restreinte pour lui éviter d'être confrontée à des concurrents.

Ou l'observer ?

Cet oiseau se rencontre dans les jardins, à proximité de la nourriture ou elle fait des vas et viens.

Comportement

La mésange bleue est un petit oiseau très actif et très agile. Elle est sans cesse en mouvement à la recherche de sa nourriture.

Attirer l'oiseau

La mésange bleue accepte les perchoirs artificiels. et les graines/insectes (selon la période).

 Avril à juillet    Moyen    Moyen

la Mésange charbonnière

Taille : 14 cm
Poids : 18 g
Régime : Insectivore
Région : Europe/Asie
Couleur : noir/jaune
Famille : Paridés
Envergure : 25 cm

La mésange charbonnière est l'une des mésanges les plus grandes et lourdes, de la taille d'un moineau domestique. Elle se caractérise par sa calotte noire, ses joues blanches, son dos verdâtre et une bande noire tout le long de la poitrine et du ventre jaune. Cette bande est moins large chez la femelle que chez le mâle. La mésange se nourrit particulièrement de petits invertébrés, et parfois de graines.

Ou l'observer ?

Avec 300 couples au km² dans certaines régions. C'est un oiseau que l'on aperçoit facilement sur les perchoirs naturels.

Comportement

Cet oiseau est territorial et montre une agressivité si elle se sent attaquée. Elle effectue des rondes.

Attirer l'oiseau

avec mélanges pour petite perruche, ou du pain.

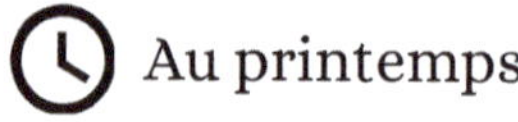 Au printemps    Facile    Facile

le Pinson des arbres

Taille : 15 cm
Poids : 25g
Régime : granivore
Région : Monde
Couleur : gris/roux

Famille : Fringillidés
Envergure : 26 cm

Le pinson des arbres est un passereau commun et facile à reconnaître. Le mâle adulte nuptial est assez bariolé. Le bec est gris bleuté. Deux larges barres blanches séparées de noir sur les couvertures alaires sont diagnostiques et très visibles, aux posées comme en vol. Celle des grandes couvertures tend souvent vers le jaune clair. La femelle a un plumage beaucoup plus discret.

Ou l'observer ?

Cet oiseau se rencontre dans les jardins, mais il est plus souvent dans les forêts en train de garder le territoire.

Comportement

Cet oiseau peut manger également des invertébrés et larves si l'occasion se présente.

Attirer l'oiseau

avec un mélange de graines pour oiseau sauvage.

 Actif l'automne  Moyen  Moyen

la Tourterelle turques

Taille : 32 cm
Poids : 175 g
Régime : Granivore

Région: Hemisphère nord
Couleur : gris clair
Famille : Columbidés
Envergure : 50 cm

La tourterelle turque est vue solitaire, mais plus souvent en couple. Cette espèce est résidente dans son habitat. Ce sont des oiseaux très grégaires. Sur le sol, les deux partenaires sautent en l'air jusqu'à un mètre de hauteur en claquant des ailes, et sautent à nouveau tout en criant. Elles se poursuivent en vol, et sont très belles quand elles sont perchées sur un fil, elles se donnent des "baisers" réciproques sur la tête, le cou et la nuque.

Ou l'observer ?

Cet oiseau se rencontre sur les fils, et autour des stocks de grain dans les campagnes.

Comportement

Cet oiseau fréquente les mangeoires en hiver. Elles peuvent se nourrir en groupe. Elle a un vol actif.

Attirer l'oiseau

avec des baies ou des graines. Disposer également des perchoirs si l'oiseau ne peut pas se poser.

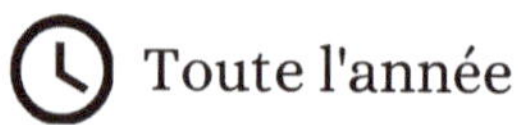 Toute l'année    Facile    Facile

le Verdier d'Europe

Taille : 16 cm
Poids : 29 g
Régime : Granivore
Région : EU/ASIE
Couleur : Vert foncé

Famille : Fringillidés
Envergure : 26 cm

Les verdiers sont souvent en groupe et sont très sociables, mêmes pendant la période de nidification. Ils leur arrivent de se rassembler pour nicher en formant des colonies regroupant jusqu'à 6 couples. Gros moineau vert olive et jaune, l'aile et la queue sont bordées de jaune. Chante à partir d'un poste de chant et puis s'élève du vol papillonnant. Leurs colonies peuvent aller jusqu'à six couples, soit douze individus.

Ou l'observer ?

Cet oiseau se rencontre entre deux et quatre mètres de hauteur sur un arbre. Ou lors de son vol direct.

Comportement

Cet oiseau mange des graines, mais il peut également manger des plantes ou bourgeons.

Attirer l'oiseau

Avec des graines simples. L'oiseau est opportuniste.

 plutot l'hiver  Moyen  Facile

l'Accenteur mouchet

Taille : 14 cm
Poids : 22 g
Régime : insectivore
Région : Europe
Couleur : brun clair
Famille : Prunellidés
Envergure : 26 cm

L'accenteur mouchet est souvent confondu avec le moineau domestique. Il évoque un moineau par son manteau brun chaud marqué de noir, d'où une possible confusion, mais il s'en distingue immédiatement par la finesse de son bec. La queue entièrement brun sombre. De loin, il se présente comme un petit oiseau uniformément sombre.

Ou l'observer ?

Cet oiseau se rencontre dans les haies et les arbustes. Ils se rencontrent également en forêt où il niche. On l'observe pendant sa période de reproduction d'avril à août.

Comportement

Cet oiseau est très discret et mène une vie cachée dans les feuilles. Il passe son temps à chercher sa nourriture.

Attirer l'oiseau

avec des larves essentiellement.

 Avril à Août    Facile    Moyen

La Corneille noire

Taille : 53 cm
Poids : 520 g
Régime : invertébrés

Région : EU/Asie
Couleur : noir
Famille : Corvidés
Envergure : 95 cm

La Corneille noire est une espèce très territoriale en période de reproduction et, comme la densité est souvent élevée, les conflits territoriaux sont fréquents. En Europe, les corneilles sont sédentaires et occupent leur territoire toute l'année. il est fréquent d'observer à la belle saison des groupes d'immatures non territoriaux se déplaçant, se nourrissant et dormant ensemble. La corneille noire vit 20 ans environ.

Ou l'observer ?

Cet oiseau se rencontre essentiellement dans les milieux très ouverts où elle peut voir les prédateurs arriver.

Comportement

Cet oiseau passe la nuit dans les arbres. Il se mêle à d'autres corvidés.

Attirer l'oiseau

avec des invertébrés (insecte, larve et lombric)

 toute l'année  Facile  Facile

Pie bavarde

Taille : 49 cm
Poids : 160g
Régime : insectivore
Région : Monde
Couleur : noir/blanc

Famille : Corvidés
Envergure : 58 cm

La pie bavarde est connue des tous. Elle est noire et blanche. Elle peut sautiller pour se déplacer plus vite sur le sol. Elle s'envole ensuite si le besoin s'en fait sentir. Elle peut s'approcher de très près des habitations mais reste très méfiante et toujours aux aguets. Un geste de travers et c'est la fuite. En cela, elle rappelle les autres corvidés comme la corneille, connus pour leur niveau de réflexion élevé. La pie bavarde est sédentaire. Opportuniste, elle mangera autre chose que des insectes.

Ou l'observer ?

Cet oiseau se rencontre dans les jardins et les plaines. Elle se nourrit presque uniquement au sol.

Comportement

Cet oiseau vole bien. Mais elle préfère marcher ou sautiller lorsqu'elle est en quête de proie.

Attirer l'oiseau

Avec des invertébrés. Elle peut également manger des fruits et graines selon la saison.

 plutôt l'été　　 Facile　　 Facile

Etourneau roselin

Taille : 21 cm
Poids : 84g
Régime : insectivore
Région : Europe
Couleur : noir/rosé

Famille : Sturnidés
Envergure : 36 cm

L'étourneau roselin est noir, et blanc rosé sur le ventre. Il a un long bec. Lors des mues de plumes, le cou de l'oiseau possède des pics blancs. C'est un oiseau migrateur qui vit en Europe le printemps et l'été. L'hiver, celui-ci migre à destination de la Turquie, parfois de l'Inde. Il dépend des criquets migrateurs pour l'alimentation pendant la migration.

Ou l'observer ?

Cet oiseau se rencontre dans les milieux steppiques, avec de la végétation rase. Et également dans les zones agricoles.

Comportement

Cet oiseau vit au rythme de ses proies. Il se rassemble également en groupe de centaines d'individus.

Attirer l'oiseau

Il est difficile d'attirer l'oiseau, vous pouvez néanmoins essayer avec des insectes de toutes sortes.

 printemps/été  Moyen  Moyen

La Linotte mélodieuse

Taille : 14 cm
Poids : 18 g
Régime : Granivore
Région : Europe
Couleur : gris/brun
Famille : Fringillidés
Envergure : 58 cm

Surtout granivore, mais partiellement insectivore en été. La linotte mélodieuse est reconnaissable avec sa tête grise, ses ailes brunes, et ses petites taches de rouge. C'est un oiseau très mimétique qui se camoufle dans le feuillage. Il est donc difficile de le rencontrer. Son vol est direct et énergique : comme tous les fringillidés.

Ou l'observer ?

Cet oiseau se rencontre sur le sol. Il se camoufle avec le feuillage mort, et cherche sa nourriture.

Comportement

Cet oiseau a un chant spécifique. Il est désordonné selon certains. Cet oiseau est très mobile. Elle peut vivre en groupes de dizaines d'individus.

Attirer l'oiseau

Vous pouvez attirer la linotte mélodieuse avec des graines (sauf graine de tournesol)

 Plus visible l'été
 Moyen
 Facile

Le Moineau Friquet

Taille : 13 cm
Poids : 22 g

Régime : Granivore
Région : monde
Couleur : gris/brun

Famille : Passéridés
Envergure : 21 cm

Le moineau friquet est gris. Il se distingue avec sa couronne blanche sur le cou. ainsi que sa tête brune. Les ailes ont également des touches de brun. Il n'y a pas de dimorphisme sexuel apparent chez l'oiseau. Le juvénile a les caractéristiques de l'adulte, mais atténuées et avec des couleurs moins vives. le friquet est le moineau des champs, tout au moins en Europe car son aire de répartition est vaste.

Ou l'observer ?

Cet oiseau se rencontre dans les jardins, mais surtout dans les champs ou il cherche sa nourriture.

Comportement

Le moineau friquet a beaucoup de points en commun avec son congénère le moineau domestique. Il est grégaire en toute saison

Attirer l'oiseau

avec un mélange de graines pour petites perruches (perruche ondulée).

 Toute l'année  Moyen  Facile

Pie grièche grise

Taille : 25 cm
Poids : 54 g

Régime : carnivore
Région : EU/ASIE
Couleur : noir/gris
Famille : Laniidés
Envergure : 32 cm

La pie-grièche grise a les ailes courtes, Grise ou noir. Elle est capable de migrer selon la localité. Elle possède un trait noir sur la tête. Sa queue est également noire. Cet oiseau est carnivore, il peut engloutir des insectes assez gros, ainsi que des oisillons. Des amphibiens, lézard ou campagnols.

Ou l'observer ?

Cet oiseau se rencontre pendant la construction de son nid qui se fait à quelques mètres de hauteur. La nidification se fait en avril. Il est alors possible d'observer les aller-retour de la pie-grièche grise.

Comportement

L'oiseau a plusieurs techniques de chasse. Camouflé dans les buissons, ou avec le vol stationnaire.

Attirer l'oiseau

Avec des petits morceaux de viande rouge, ou du poulet.

 plutôt d'Avril a juin    Moyen    Moyen

Le Troglodyte Mignon

Taille : 9 cm
Poids : 11 g

Régime : insectivore
Région : Hem. nord
Couleur : gris/brun

Famille : Troglodytidés
Envergure : 15 cm

Le Troglodyte mignon est un petit passereau qui vit dans l'hémisphère nord. Sa silhouette est très typique. Le corps rondelet porte une tête massive prolongée par un long bec fin et légèrement courbe. Une très courte queue (3,5 cm) est le plus souvent tenue relevée. Les pattes sont également courtes. Mâle et femelle sont identiques d'aspect. Le dessus est d'un brun assez chaud. Le juvéniles ne se distinguent des adultes que par des détails infimes de plumage invisibles sur le terrain.

Ou l'observer ?

Cet oiseau se rencontre dans les jardins, mais surtout dans les forêts. Il aime les milieux humides.

Comportement

Cet oiseau construit un nid en boule avec un orifice sur le côté. Les nids sont souvent sur les branches ou accroché à des murs.

Attirer l'oiseau

avec des arthropodes, insectes, larves, araignées.

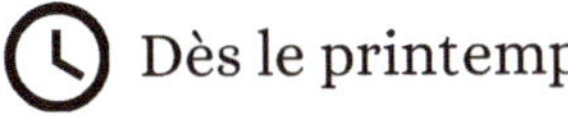 Dès le printemps    Facile    Facile

Alouette des champs

Taille : 19 cm
Poids : 47 g

Régime : Omnivore
Région : Monde
Couleur : brun foncé

Famille : Alaudidés
Envergure : 35 cm

L'alouette des champs a les parties supérieures brunes. La partie inférieure est gris clair. La queue est nettement plus brune. L'alouette des champs chante lorsqu'il vole. Il vit dans les campagnes où il cherche sa nourriture. il vit également dans les marais et les prairies. On peut la trouver également dans les forêts de moyenne altitude.

Ou l'observer ?

Cet oiseau se rencontre dans beaucoup de milieux. Il préfèrera cependant les espaces ouverts et cultivés. D'où son nom : Alouette des champs.

Comportement

Cet oiseau cherche sa nourriture au sol. Le mâle chante pour signaler la délimitation de son territoire.

Attirer l'oiseau

Avec des vers de farine disposé dans une mangeoire.

 toute l'année    Facile    Facile

Bec-croisé des sapins

Taille : 20 cm
Poids : 45 g

Régime : granivore
Région : Monde
Couleur : rouge/noir

Famille : Fringillidés
Envergure : 28 cm

Le bec-croisé adulte a un plumage rouge. Les ailes sont brunes. La tête de l'oiseau possède également une couronne brune. Certains mâles apparaissent jaunâtres ou rouges orangés. D'autres peuvent être tachetés de jaune verdâtre et de rouge. Le manteau et le dos peuvent présenter quelques plumes plus foncées. Quelques jeunes mâles peuvent avoir un plumage roux ou un mélange de rouge et de jaune.

Ou l'observer ?

Cet oiseau se rencontre essentiellement près de sapins ou dans les forêts de conifères. Il mangera les graines d'épicéa, d'aulne, de bouleau....

Comportement

Cet oiseau se fond avec la végétation pour se protéger et se reproduire.

Attirer l'oiseau

Avec des fruits issus d'arbres conifères.

 Toute l'année  Moyen  Difficile

La Fauvette des jardins

Taille : 14 cm
Poids : 19 g

Régime : insectivore
Région : Zone occidentale
Couleur : gris

Famille : Sylviidés
Envergure : 22 cm

La fauvette a une taille de 14 centimètres. Elle est entièrement grise. Même s'il faut noter que les ailes sont légèrement plus foncées. La fauvette a un chant mélodieux, avec par beaucoup de notes a son répertoire. L'oiseau se cache la plupart du temps dans les feuillages...

Ou l'observer ?

Cet oiseau se rencontre dans les bois et les clairières. Mais aussi dans les parcs, les zones sauvages et les jardins.

Comportement

Cet oiseau est très farouche et difficile à approcher. Il est discret.

Attirer l'oiseau

avec des insectes (grillons, criquets,...)

 Toute l'année  Moyen  Difficile

Hirondelle rustique

Taille : 18 cm
Poids : 24g

Régime : Insectivore
Région : Monde
Couleur : blanc/bleu

Famille : Hirundinidés
Envergure : 33 cm

L'hirondelle rustique est une espèce présente sur tout le globe. Elle a le ventre blanc. une partie de sa tête brune. Et le reste du corps bleu foncé. C'est une espèce migratrice. Son arrivée dans nos régions est synonyme de printemps. Les hirondelles sont morphologiquement adaptées au milieu aérien dans lequel elles trouvent leur nourriture.

Ou l'observer ?

Cet oiseau se rencontre le printemps et l'été, à proximité des habitations. Elle se reconnaît dans le ciel grace à sa queue typique.

Comportement

Cet oiseau ne craint pas l'homme et niche a coté des habitations. Les hirondelles vivent en groupes.

Attirer l'oiseau

Avec des insectes, et des ustensiles pour faire le nid (brindille, feuille,..).

 Printemps/été  Facile  Facile

Le Loriot d'Europe

Taille : 25 cm
Poids : 70g

Régime : Omnivore
Région : EU/Asie
Couleur : jaune/gris

Famille : Oriolidés
Envergure : 47 cm

Le loriot d'Europe est couvert de jaune. Il possède simplement trois nuances noires, sur les yeux, et sur les plumes des ailes et de la queue. La femelle est plus terne : les parties noires du mâle sont, chez elle, brun-gris tandis que le reste du plumage est verdâtre et passe au jaune chez les vieilles femelles. Il est facile de s'assurer de la présence du loriot d'Europe car son chant est typique.

Ou l'observer ?

Cet oiseau se rencontre dans les feuilles des plus grands arbres. Même s'il n'y a pas beaucoup d'arbres dans la zone, pourvu qu'il soit assez haut.

Comportement

Cet oiseau farouche est habile pour se cacher dans la végétation.

Attirer l'oiseau

avec des insectes, peu de chances d'attirer cet oiseau.

 Plutot l'été

 Moyen

 Difficile

Rossignol philomèle

Taille : 17 cm
Poids : 21 g

Régime : invertébrés
Région : Eu/Afrique
Couleur : brun/gris

Famille : Muscicapidés
Envergure : 23 cm

Le rossignol Philomèle est un passereau relativement corpulent. C'est un oiseau discret, il passerait volontiers inaperçu s'il n'avait pas son chant. Les parties les plus rousses sont la calotte, les ailes, le croupion, les sus-caudales et la queue, cette dernière évoquant celle d'un rouge-queue. Les yeux noire encre de cet oiseau sont entouré d'un cercle blanc. le jeune rossignol a un plumage moucheté. Les mouchetures sont chez lui crème roussâtre et permet de le distinguer facilement de l'adulte.

Ou l'observer ?

Cet oiseau se rencontre en zone de transition, aux abords des bois et des bosquets.

Comportement

Il passe son temps au sol dans les fourrés denses où il sait se cacher.

Attirer l'oiseau

Avec des vers de farine.

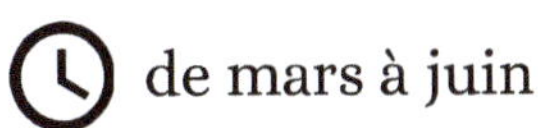 de mars à juin  Difficile  Moyen

Gorgebleue à miroir

Taille : 15 cm
Poids : 18 g

Régime : insectivore
Région : Monde
Couleur : brun/bleu

Famille : Muscicapidés
Envergure : 22 cm

Avec une répartition mondiale, le mâle adulte Gorgebleue à miroir a les parties supérieures brunes en été. La queue arrondie est brun foncé avec la base rousse. Les parties inférieures présentent une belle bavette bleue avec un croissant roux à la base de la gorge. En plumage d'hiver, quelques plumes blanches envahissent la bavette bleue.

La femelle a la gorge et la poitrine blanchâtres.

Ou l'observer ?

Cet oiseau se rencontre dans la toundra et les zones de végétation dense. Mais également dans les endroits humides.

Comportement

Insectivore, cet oiseau peut manger des chenilles et des baies. L'oiseau fait son nid au sol.

Attirer l'oiseau

Attirer l'espèce avec des baies de tous types.

 Plutôt l'été
 Moyen
 Facile

Moineau soulcie

Taille : 16 cm
Poids : 37 g

Régime : Granivore
Région : Europe
Couleur : brun

Famille : Passéridés
Envergure : 30 cm

Avec plusieurs nuances de brun, le moineau Soulcie est appelé ainsi car il a les yeux ombrés d'un soulcie blanc, sur les sourcils, cela chaque côté de la tête. Il a un bec réputé pour être fort. La mandibule inférieure est tachetée de jaune. La calotte est rayée de deux larges bandes gris foncé qui font ressortir une bande blanche sur le sommet de la tête. Les pattes sont roses. Il n'y a pas de dimorphisme sexuel chez le moineau soulcie.

Ou l'observer ?

Cet oiseau se rencontre dans les milieux rocailleux. Ou dans les montagnes et falaises. Mais aussi dans les vergers.

Comportement

Cet oiseau devient insectivore pendant la période de reproduction.

Attirer l'oiseau

Avec des graines l'hiver. Avec des baies et insectes en période estivale.

 Toute l'année  Moyen  Moyen **28**

Chardonneret élégant

Taille : 14 cm
Poids : 16 g

Régime : Granivore
Région : Europe
Couleur : rouge/jaune/gris

Famille : Fringillidés
Envergure : 22 cm

Le chardonneret élégant est facile à identifier. Il a le sommet de la tête rouge vif. Des ailes jaunes avec des nuances de noir. Le corps de l'oiseau va du blanc au brun. Le cou de l'oiseau est garni d'un collier blanc. Cet oiseau fait l'objet de braconnage en France. Il est cependant encore une espèce commune non menacé sur le continent. Le chardonneret élégant est protégé et le piégeage de l'oiseau avec des filets dans les jardins est illégal.

Ou l'observer ?

Cet oiseau se rencontre dans les zones de végétation ouverte, et dense sur le sol.

Comportement

Dès le début du printemps, les groupes se disloquent et les couples déjà formés se choisissent un territoire de nidification.

Attirer l'oiseau

Oiseau facile à attirer en hiver avec des graines ou des plantes (chardons, asters, tussilages).

 Plutot l'hiver  Facile  Moyen

Serin cini

Taille : 11,5 cm
Poids : 12 g

Régime : granivore
Région : Europe
Couleur : vert olive

Famille : Fringillidés
Envergure : 20 cm

Le serin Cini a l'Europe pour habitat. En été, il est présent dans le sud de la France, ainsi que le nord-ouest. En hiver, il occupe la partie nord-est de la France et les pays de l'est de l'Europe.

Le mâle a la tête et la poitrine d'un jaune vif avec des reflets verdâtres. Ses joues sont vert olive. Le dos et les ailes gris-vert sont rayés de stries sombres.

La femelle est à peu près similaire, mais plus terne et plus nettement striée.

Ou l'observer ?

Cet oiseau se rencontre aux abords des villages. Il aime les bosquets proches des habitations, vergers et parcs.

Comportement

L'oiseau perd sa sociabilité au printemps et devient territorial. Il peut manger aussi des fruits.

Attirer l'oiseau

Avec un mélange de graines pour petite perruche.

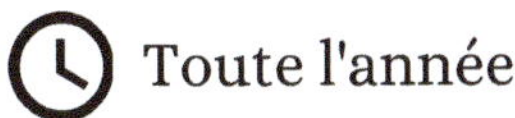 Toute l'année    Moyen    Moyen

Tarin des aulnes

Taille : 12 cm
Poids : 13 g

Régime : Granivore
Région : Europe
Couleur : jaune/gris

Famille : Fringillidés
Envergure : 22 cm

Similaire au chardonneret, avec un plumage vert/jaune vif. Une tête noire, et un corps recouvert d'un duvet gris. Le tarin des aulnes est un oiseau discret. La femelle a un plumage gris et brun, avec moins de nuances de couleurs. Le tarin des aulnes habite dans les bois, les bosquets, et les terrains ou la végétation est présente. Il aime également les arbres conifères. Il se nourrit de graines de toutes sortes.

Ou l'observer ?

Cet oiseau se rencontre particulièrement près de plante d'aulnes. Cherchez cette plante avant tout !

Comportement

Les tarins des aulnes se déplacent en groupe, parfois avec d'autres fringillidés comme le chardonneret élégant.

Attirer l'oiseau

avec des graines de bouleau.

 Plutôt l'hiver  Moyen  Facile

Bruant jaune

Taille : 17 cm
Poids : 26 g

Régime : Mixte
Région : Eu/Asie
Couleur : jaune/noir

Famille : Emberizidés
Envergure : 27 cm

Le bruant jaune mâle présente une tête jaune canari rayée de vert brunâtre sur le dessus et les côtés. Les ailes et le dos sont bruns roux jaunâtre rayés de brun noir avec les rémiges de cette dernière couleur et liserés de verdâtre et de brunâtre. La femelle est plus terne. Les adultes effectuent une mue complète entre août et octobre. Le bruant jaune est granivore, mais son régime réel est plutôt mixte.

Ou l'observer ?

Cet oiseau se rencontre dans les plaines ouvertes. Ainsi que les montagnes moyennes entre 600m et 900m d'altitude.

Comportement

Cet oiseau forme des petits groupes en dehors de la période de reproduction. Il cherche sa nourriture au sol.

Attirer l'oiseau

avec des graines ou des baies.

 Toute l'année  Moyen  Moyen

Mésange boréale

Taille : 12 cm
Poids : 11 g

Régime : Omnivore
Région : Europe
Couleur : gris/noir

Famille : Paridés
Envergure : 18 cm

La mésange boréale ou la mésange "à tête noire" n'est pas facile à distinguer, même pour les professionnels. Elle ressemble à la mésange nonnette. C'est pourquoi nous la distinguons avec le chant et les cris. La calotte de l'oiseau est noire. le dos est gris foncé. Tandis que le ventre est gris clair. Elle occupe une vaste zone située entre le grand quart nord-est de la France et le nord de la Scandinavie et de la Russie. Elle se cache l'hiver avec ses réserves alimentaires.

Ou l'observer ?

Cet oiseau se rencontre dans les forêts denses qui possèdent beaucoup d'espèces de végétaux différents.

Comportement

Cette mésange s'aventure dans les jardins uniquement s'ils sont près d'habitations.

Attirer l'oiseau

Avec des graines ou des fruits mûrs.

 Plûtot l'été

 Facile

 Facile

Mésange huppée

Taille : 12 cm
Poids : 13 g

Régime : insectivore
Région : Europe
Couleur : brun/gris

Famille : Paridés
Envergure : 21cm

La mésange huppée porte une huppe noire avec des petits points blancs. La huppe est plus courte chez la femelle.La tête de l'oiseau est blanche, avec un liserai noir sur chaque joue. Elle possède également un collier noir.Le corps est gris ou brun. Le poitrail de l'oiseau est couleur crème. Elle loge dans les conifères, les parcs et les jardins.

Ou l'observer ?

Cet oiseau se rencontre dans les conifères des massifs âgés. Elle aime les arbres avec de la résine.

Comportement

Cet oiseau est peu farouche, en revanche, il n'aime pas être à découvert.

Attirer l'oiseau

Avec des insectes, il est cependant difficile d'influencer sa présence.

 Plutôt l'été  Moyen  Facile

Pouillot de Bonelli

Taille : 12 cm
Poids : 9 g

Régime : insectivore
Région : Europe
Couleur : Jaunâtre

Famille : Phylloscopidés
Envergure : 18 cm

Le pouillot de Boneli a un corps gris-blanc. une tête brune et un long bec. Il possède des ailes jaunâtres. Sa queue l'est également. Le pouillot de Boneli est similaire au pouillot véloce, mais il reste cependant plus pâle. Son cri est assez rapide et puissant. L'oiseau habite les endroits secs. Il aime également l'altitude et la forêts de pins ou mélèzes. Cet oiseau a l'air d'être tout le temps en mouvement, même dans les feuillages.

Ou l'observer ?

Cet oiseau est difficile à apercevoir car il passe son temps à se cacher dans les feuillages.

Comportement

Cet oiseau aime le soleil, et passe son temps caché dans les feuillages, il sort uniquement pour chercher sa nourriture.

Attirer l'oiseau

avec des insectes comme des grillons ou des blattes.

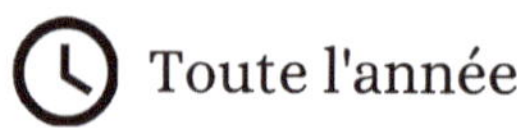 Toute l'année

 Difficile

 Moyen

Pouillot véloce

Taille : 12 cm
Poids : 9 g

Régime : insectivore
Région : Eu/Afrique
Couleur : brun/vert

Famille : Phylloscopidés
Envergure : 17 cm

Le pouillot véloce est un Phylloscopidés encore peu connu. C'est un oiseau brun et verdâtre. Il possède-il long bec. C'est un animal majoritairement diurne, il n'apprécie pas la vie en communauté avec d'autres membres de son espèce. Il est également très nerveux, il bouge sans cesse dans le feuillage. C'est pour cela qu'il est appelé ainsi. Il recherche ses proies dans les feuillages, les haies, les conifères et les bosquets de végétation de toute sorte.

Ou l'observer ?

Cet oiseau peut s'observer dans les terrains dégagés, avec les herbes hautes et de la végétation dense. On eut le voir dans les jardins, les parcs et les clairières.

Comportement

Cet oiseau a un chant caractéristique. son nid est construit près du sol d'avril à juillet.

Attirer l'oiseau

Avec des vers de farine. L'oiseau est difficile à attirer dans une mangeoire de jardin.

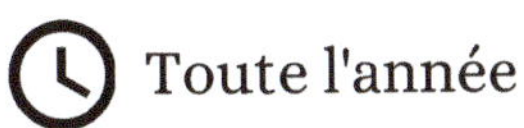 Toute l'année  Moyen  Difficile

Grimpereau des bois

Taille : 11 cm
Poids : 11 g

Régime : insectivore
Région : EU/ASIE
Couleur : noir/gris

Famille : Certhiidés
Envergure : 18 cm

Le Grimpereau des bois est un oiseau avec le dos brun/noir. Il a le ventre gris/blanc. C'est un animal de petite taille, avec un corps fin et un long bec. En hiver, il est capable d'aller dans les anfractuosités du paysage pour se nourrir. La queue de l'oiseau est plutôt rousse.

Ou l'observer ?

Cet oiseau se rencontre dans les buissons près du sol, mais également dans les arbres feuillus et les conifères.

Comportement

Cet oiseau aime dénicher les insectes dans les écorces des arbres. Il est sédentaire.

Attirer l'oiseau

Avec des araignées ou des insectes de tous types.

 Toute l'année  Moyen  Facile

Fauvette mélanocéphale

Taille : 12 cm
Poids : 12 g

Régime : insectivore
Région : Europe
Couleur : Gris/blanc

Famille : Sylviidés
Envergure : 18 cm

La fauvette mélanocéphale est reconnaissable avec sa tête noire et son plumage gris. Sa queue est longue, son plumage est d'un gris cendré. Les bordures des yeux sont rouges sombres. La fauvette mélanocéphale à un chant appelé "zinzinule" que l'on entend surtout entre le mois de mars et le mois de juillet. La fauvette mélanocéphale est un animal curieux.

Ou l'observer ?

Cet oiseau se rencontre entre un et deux mètres de hauteur. souvent dans des arbustes avec ou sans feuilles.

Comportement

Cet oiseau sédentaire et a besoin d'un temps doux. L'animal vit seul ou en couple. La fauvette aime se cacher.

Attirer l'oiseau

avec des insectes. Proposez également des perchoirs artificiels.

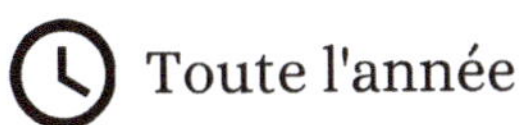 Toute l'année  Moyen  Facile

Gobemouche gris

Taille : 15 cm
Poids : 14 g

Régime : Insectivore
Région : Monde
Couleur : brun/gris

Famille : Muscicapidés
Envergure : 16 cm

Le gobemouche Gris est appelé ainsi car il a la particularité d'avoir pour régime alimentaire, des animaux volant (diptères, papillons, odonates,..).Le poitrail de l'oiseau est gris, tandis que ses ailes, sa queue ainsi que sa tête, sont brunes. Le gobemouche gris possède un long bec capable d'attraper des proies même rapides. Son vol est direct et rapide. Il possède de longues ailes. Le gobemouche est un chasseur hors pair.

Ou l'observer ?

Cet oiseau se rencontre surtout dans les forêts. Il est la ou les feuillages sont denses. Il apprécie également les terrains ouverts aux abords des forêts, et la lumière.

Comportement

Cet oiseau peut effectuer de petits vols stationnaires comme certains rapaces. C'est un oiseau migrateur.

Attirer l'oiseau

avec des papillons, des punaises ou des hyménoptères.

 Le printemps et l'été  Moyen   Facile

Rougequeue à front blanc

Taille : 15 cm
Poids : 16 g

Régime : insectivore
Région : Monde
Couleur : gris/roux

Famille : Muscicapidés
Envergure : 23 cm

Auparavant appelé "rossignol des murailles". Le rouge-queue à front blanc est un oiseau gris et blanc. Son ventre est tacheté de roux, et sa queue l'est également. Le bec et les pattes de l'oiseau sont noirs. Il possède un cri caractéristique et reconnaissable, très agréable à entendre. Les spécimens mâles se reconnaissent avec une petite tache noire sur le cou. C'est un oiseau qui niche à proximité des habitations humaines.

Ou l'observer ?

Cet oiseau se rencontre dans les bois. Il se trouve dans tous types de forêts. Il évite les feuillages épais. Il habite également les jardins et parcs.

Comportement

C'est un oiseau migrateur que l'on rencontre dans nos régions à partir du printemps. Farouche & discret.

Attirer l'oiseau

avec des insectes, de préférences jeunes. Les mollusques, invertébrés et crustacés sont également acceptés.

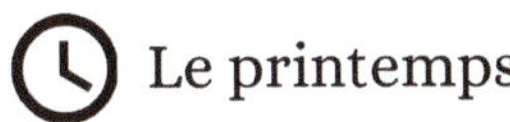 Le printemps    Facile    Facile

Rougequeue noir

Taille : 15 cm
Poids : 16 g

Régime : insectivore
Région : Monde
Couleur : noir/roux

Famille : Muscicapidés
Envergure : 24 cm

Le rouge-queue noir est un passereau avec des caractéristiques évidentes. Il a un corps noir. Ses pattes et son bec le sont également. Il a cependant la queue rousse. Cet oiseau est insectivore, mais il lui arrive de se nourrir d'invertébrés. Le rouge-queue noir évite les climats trop chauds, il recherche donc parfois l'altitude. C'est un animal semi-cavernicole, ce qui signifie qu'il peut nicher dans des cavernes et les anfractuosités.

Ou l'observer ?

Cet oiseau se rencontre dans les milieux rocheux, cela peut être dans les falaises, les éboulements de roches, les ravins et fossés.

Comportement

L'oiseau est peu farouche.
Il se déplace par petit saut.
Il forme de petits groupes
de dizaines d'individus.

Attirer l'oiseau

Avec des insectes, des
mollusques ou des
invertébrés.

 Toute l'année  Moyen  Facile

Hypolaïs polyglotte

Taille : 14 cm
Poids : 12 g

Régime : insectivore
Région : Europe
Couleur : vert/jaune

Famille : Acrocephalidés
Envergure : 20cm

L'hypolaïs polyglotte est présent surtout en France, mais également en Espagne, en Italie, et quelques pays de l'Europe également. L'oiseau est verdâtre. Ses ailes sont plus marquées, et son ventre est vert clair. Il y a de nombreuses nuances jaunes en dessous du bec. Les hèles et la queue sont parfois bruns. Le chant de l'hypolaïs polyglotte est rapide, et est constitué de notes très similaires. Elle peut migrer vers l'Afrique l'hiver.

Ou l'observer ?

Cet oiseau se rencontre dans des milieux divers. Dans les friches, mais également dans les landes, les ligneuses, et dans tout type de forêts.

Comportement

Cet oiseau ne se montre pas beaucoup. Son chant est bien plus perceptible. Elle cherche sa nourriture dans les buissons.

Attirer l'oiseau

avec des insectes, même s'il est difficile de l'attirer.

 Printemps et été  Difficile  Moyen

Sitelle torchepot

Taille : 14 cm
Poids : 21 g

Régime : Mixte
Région : Europe/Asie
Couleur : Rose/gris

Famille : Sittidés
Envergure : 23cm

La sitelle torchepot a une vaste aire de répartition. Elle a un long bec, et un trait noir fin sur sa tête, qui recouvre ses yeux. Elle est reconnaissable facilement avec ce trait de couleur. Le ventre de l'espèce est Orange ou rose. L'animal est insectivore le printemps et l'été (pendant la période de reproduction qui s'étend d'Avril à Juin). L'hiver, la sitelle torchepot trouve son bonheur avec les graines.

Ou l'observer ?

Cette espèce se trouve dans les buissons et les forêts. Elle se cache et se déplace dans les arbres, a la recherche de nourriture.

Comportement

Cet oiseau est solitaire, avec un comportement très arboricole, et est également très actif dans les arbres et buissons.

Attirer l'oiseau

Avec des graines l'hiver, ou des vers de farine l'été.

 Toute l'année  Moyen  Difficile

COMMENT FAIRE UNE MANGEOIRE ?

Créer une mangeoire pour les oiseaux du jardin, comment procéder ?

Pour une bonne observation, il est idéal de construire une mangeoire. Celle-ci pourra accueillir des graines, des baies et des insectes, afin de nourrir la faune sauvage dans votre jardin.

Vous pouvez acheter une mangeoire, ou encore la fabriquer. Des planches de bois ou du plastique suffisent pour créer un récipient capable d'accueillir des graines.

Vous pourrez ajouter des perchoirs autour de la mangeoire. Disposez la mangeoire à un mètre cinquante du sol environ, sur un arbre où planter dans le sol grace à un piquet de bois.

Les oiseaux des mangeoires.

Beaucoup d'espèces sont attirées dans les mangeoires artificielles. Il faudra s'assurer que la mangeoire est à l'abri des prédateurs, et se situe dans un endroit calme. Vous pourrez ensuite disposer des graines dans la mangeoire, des baies ou encore des insectes.

Dans le cas d'insecte non mangé par les oiseaux, il est préférable de retirer les proies mortes après 12 heures dans la mangeoire, afin d'éviter les infections. Dans la mesure du possible, quand vous donnez à manger aux oiseaux de votre jardin en début de période hivernale, il faut continuer pendant toute la période hivernale, en effet les oiseaux sont habitués à votre point de nourriture, et s'appuient dessus quand il fait froid.

Vous constaterez que votre mangeoire aura du succès, environ 4 à 5 jours après l'installation de la mangeoire.

Les oiseaux se perchent sur des perchoirs naturels a côté de votre mangeoire, puis effectuent des allers-retours.

LA NOURRITURE DES OISEAUX

Comment nourrir les oiseaux que vous observez dans votre jardin ?

Dans chaque fiche animale, vous trouverez le régime alimentaire de l'oiseau, renseignez-vous sur les espèces que vous voulez attirer, et donner de la nourriture dans la mangeoire en conséquence.

LES GRAINES

Vous trouverez des graines en animalerie et jardinerie, prenez des mélanges pour oiseaux sauvages, ou un mélange pour petite perruche. Vous pouvez également acheter de la pâtée fortifiante.

LES INSECTES

Les oiseaux insectivores trouveront leurs bonheurs avec des grillons, des papillons, des vers de farine, et beaucoup d'autres petits animaux.

LES BAIES

De nombreuses baies sont acceptés, les oiseaux se nourrissent sur les noisetiers, le houx, le prunellier, le lierre, les petits pommiers...

LES INVERTÉBRÉS & MOLLUSQUE

Escargot, crevette, vers de terre (lombric) sont largement acceptés par certaines espèces.

Rappel: certains oiseaux refusent de se nourrir dans des mangeoires artificielles. Même si certains changes la couleur de la mangeoire, ou encore la déplace dans le jardin, des oiseaux restent retissant à l'idée de venir manger dans votre mangeoire.

LES OISEAUX SAUVAGES ET LA LOI

Attention avec les oiseaux qui constituent la faune sauvage française. Nombre des oiseaux sauvages sont protégés par la loi, et il est interdit de les recueillir, de les garder pour la captivité, ou de les reproduire. Ces actes représentent des délits et sont sévèrement punis par la loi.

Renseignez-vous sur le statut de conservation de chaque espèce, vous constaterez que les oiseaux sauvages sont en constante diminution. La réduction de zone forestière, la réduction de proie et les activités de l'homme font que les oiseaux sont en perte de vitesse.

Les gouvernements français et mondiaux ont alors pris la décision de protéger les oiseaux sauvages, depuis de nombreuses années.

Le braconnage et l'élevage d'animaux protégés sont pratiqué en France, et des réseaux sont souvent démantelés. Les auteurs de ces crimes sont punis, et les animaux relâchés.

SOIGNER UN OISEAU BLESSÉ

Ces oiseaux qui ne doivent pas être manipulés, font l'objet d'exception lorsqu'il s'agit de les soigner.

Un particulier peut prendre un oiseau dans le cas où celui-ci est en détresse, ou a besoin de soins.

Comment savoir si un oiseau a vraiment besoin d'aide ?

Dans la grande majorité des cas, un oiseau au sol n'a pas besoin d'aide, ses parents sont sans doute parti chercher de la nourriture. Beaucoup trop de personnes pensent aider un oiseau, alors que celui-ci n'est pas en danger.
Alors pour véritablement aider un oiseau, il faut s'assurer qu'il a **vraiment** besoin d'aide.
Un oiseau a besoin de soins uniquement s'il présente des signes de blessure apparente, s'il n'arrive pas à voler, ou s'il a un comportement extrêmement anormal.

Gardez en tête que si vous êtes proche de l'oiseau et que celui-ci est à terre, l'oiseau vous voit très probablement comme une menace, alors éloignez-vous et vérifier si l'oiseau reprend un comportement normal.

Si vous constatez que l'oiseau a des traces de saignement, qu'il ne peut pas tenir sur ses pattes, ou si une aile est écrasée : alors c'est qu'il a besoin d'aide.

Pour commencer à prodiguer des soins sur un être aussi fragile et sujet au stress, il va falloir le détendre. Lancez alors un linge ou un torchon sur sa tête (délicatement) afin de mettre l'oiseau dans le noir. L'objectif est de couper l'oiseau de son environnement, pour ne pas émettre de stress supplémentaire.

Vous pouvez ensuite vous approcher du volatile. Maintenez ses ailes le long de son corps, et n'essayez surtout pas d'attacher son bec, cela pourrait le tuer. Il est préférable de mettre des gants pour manipuler un oiseau, surtout s'il s'agit de grand spécimens, d'échassier ou encore de rapaces.

Placer alors votre petit protégé dans un carton (type boîte à chaussures) avec un peu d'essuie-tout au fond. Refermer le couvercle pour le placer dans le noir, et assurez-vous que la boîte est ventilée. Il faut à tout prix éviter de manipuler l'oiseau.

Hydrater l'oiseau si celui-ci présente des signes de faiblesse.

Que faire après la réception de l'oiseau ?

Si l'oiseau reprend une activité normal dans sa boîte. Alors il faudra placer la boîte dans un arbre où buisson, ouvrir le couvercle et attendre que l'oiseau soit récupéré et nourri par ses parents. Il est possible que l'oiseau s'envole également, dans ce cas, vous avez réussi votre mission.

Si l'oiseau ne reprend pas une activité normal. Il faudra alors appeler une association spécialisée.

Rappel : Vous avez le droit de conserver un animal sauvage UNIQUEMENT dans l'attente du transport de celui-ci vers un centre ce soin, il faudra également que le transport s'effectue dans de bref délais.
(art. L 415-3 Code de l'environnement)

La LPO est la ligue pour la protection des oiseaux. Ils ont plusieurs centres de soins spécialisés en France, il faudra appeler ce type d'établissements pour secourir votre oiseau.

dans tous les cas, les oiseaux sont des êtres fragiles, et il est fréquent que les blessés succombent a leurs blessures.

PHOTOGRAPHIER LES OISEAUX DU JARDIN

Prendre en photo les oiseaux, c'est le rêve de nombreux amateurs. Mais comment photographier les oiseaux sauvages dans votre jardin, ou dans la campagne ?

Quel appareil photo choisir ?

Même si prendre des oiseaux avec un téléphone est possible, c'est une activité plus simple avec un appareil photo de bonne qualité, il faudra privilégier un reflex pour faire des photos de qualité professionnelle.

Quel objectif pour la photographie d'oiseaux sauvages ?

Pour la photographie animalière de manière générale, il faudra un objectif avec 200 mm minimum. Pour la photographie d'oiseau, un 300 mm est vivement recommandé. Vous choisirez également un autofocus rapide, et un objectif lumineux (qui peut monter dans les ISO).

Quelle est la méthode technique à suivre ?

Les oiseaux de jardins sont pour la plupart, des proies.
Ils sont donc beaucoup en mouvement. Et lorsqu'ils
volent, ils ne sont jamais immobile. il faudra alors
capturer un instant présent, et cela à très grande
vitesse.

Pour choisir une vitesse d'obturation, il faudra au moins
doubler votre focale pour éviter le flou de bouger.(si
vous photographiez avec un objectif de 300 mm, alors il
faudra au minimum, photographier à 1/600.).

Pour éviter le flou de mouvement du coté de la cible, il
faudra encore augmenter la vitesse, généralement nous
prenons des photographies à 1/2500, 1/2000 ou 1/1600.
Tout dépend des capacités de votre objectif.

Il faudra régler l'ouverture et les ISO en conséquence de
la vitesse de la prise.

Comment dois-je approcher les oiseaux ?

Les oiseaux ne se laissent pas approcher pour la plupart,
il faudra donc user de stratégie. Pour cela : les
photographes animaliers utilisent deux techniques...

TECHNIQUE DE LA BALADE

La technique de la balade est plus appréciée par les débutants. Elle consiste à se balader et changer de point d'observation régulièrement, pour maximiser la chance de rencontrer des oiseaux. C'est une technique respectable car les chances véritables de rencontrer un oiseau sont élevées. Mais malheureusement, les oiseaux sont souvent loin, où s'enfuie à l'approche de l'homme. Les adeptes de cette technique sont présent pour le plaisir.

TECHNIQUE DE L'AFFÛT

La technique de l'affût est pour les photographes plus déterminés. Elle est accessible pour les débutants, mais avec de la motivation. Cette technique consiste à se camoufler dans un lieu discret, braquer l'appareil photo (souvent sur un trépied) sur une partie du paysage, et attendre qu'un oiseau vienne dans le cadre.
Cette technique permet de choisir le cadre d'une photo, et d'éviter le flou de bouger grace au trépied. Cette technique permet d'approcher les oiseaux encore un peu plus.

À condition de tenir en poste, camouflé, pendant de nombreuses heures, parfois jusqu'à 8 heures ou 10 heures d'attente, pour 20 minutes de rencontre avec des spécimens extraordinaires.

OBSERVER LES OISEAUX DES PLAINES : LES RAPACES

Plus grands, plus forts... Dans les plaines françaises, nous trouvons d'innombrables rapaces. Ces magnifiques oiseaux sont plus robustes, volent plus vite, et sont de redoutables prédateurs. Mais comment observer ces magnifiques spécimens dans nos campagnes ?

Tout d'abord, la première étape est de déterminer quel rapace peut-on voir dans nos régions, et à quel moment l'oiseau est visible. Prenons l'exemple des chouettes et hiboux, qui ne seront visibles que tard le soir, et la nuit.

Il faudra ensuite trouver un environnement idéal pour l'oiseau. Généralement, les rapaces occupent les plaines, les champs et les terrains rocheux.

Vous trouverez ensuite naturellement des rapaces en vol rapide, vol stationnaire, ou percherez sur un piquet.

Attention, certains rapaces sont petits, et sont souvent confondus lorsqu'ils volent haut dans le ciel. Apprenez à les reconnaitre, apprenez leurs comportements et vous pourrez les observer !

LES RAPACES EN FRANCE

La France compte une grande diversité de rapaces. Ils sont diurnes ou nocturne, vivent dans divers milieux. Vous pouvez rencontrer ces espèces *(liste non exhaustive)*.

- *Le faucon crescerelle*
- *Épervier d'Europe*
- *Vautour moine*
- *Gypaète barbu* (uniquement dans les pyrénées)
- *Vautour fauve* (uniquement dans les pyrénées)
- *Vautour percnoptère*
- *Aigle de Bonelli*
- *Buse variable*
- *Buse pattue*
- *Busard des roseaux*
- *Busard Saint-Martin*
- *Busard cendré*
- *Milan noir*
- *Milan royal*
- *Bondrée apivore*
- *Hibou des marais*
- *Hibou moyen-duc*
- *Chevêche d'Athéna*
- *Grand-duc d'Europe*
- *Petit-duc scops*
- *Chouette hulotte*
- *Effraie des clochers)*
- *Faucon émerillon*
- *Faucon pèlerin*
- *Faucon hobereau*

OBSERVER LES OISEAUX DES PLAINES : LES ÉCHASSIERS

Dans nos plaines et campagne, nous trouvons également des échassiers. Les échassiers sont les oiseaux qui vivent dans des milieux plutôt aquatiques (petit lac, marre, marais ou rivière, mer). Ils ont besoin de petits points d'eau.

Pour vivre dans ce genre de milieu, les échassiers ont des grandes pattes, c'est pour cela qu'ils sont appelés ainsi.

La plupart des échassiers sont des oiseaux migrateurs. Voici les échassiers que vous pouvez rencontrer.

- Les bécasseaux,
- les échasses,
- les cigognes,
- les grues,
- les hérons
- les pluviers

OBSERVATION DES OISEAUX

Merci d'avoir lu ce livre sur les oiseaux de jardin, nous espérons que vous avez appris et que vous pourrez observer les oiseaux en vous amusant !